REINALDO DOMINGOS

O MENINO E O DINHEIRO

5ª EDIÇÃO

A coleção *O Menino e o Dinheiro* é uma adaptação infantil embasada na **Metodologia DSOP**, concebida pelo mestre, professor, educador e terapeuta financeiro Reinaldo Domingos.

O material é composto pelas coleções didática – constituída por 15 livros do aluno e 15 do professor – e paradidática – com obras que abordam os temas: Família, Diversidade, Empreendedorismo, Sustentabilidade, Autonomia e Cidadania –, que vão do Ensino Infantil ao Médio.

Além dos livros, as instituições de ensino que adotam o Programa DSOP de Educação Financeira nas Escolas recebem capacitação e assessoria pedagógica, curso/*workshop* de Educação Financeira para os professores e Palestra de Sensibilização para os pais e a comunidade. E ainda, acesso ao Portal Escolas (portalescolas.dsop.com.br), que contém planos de aula, atividades complementares, objetos educacionais (games e atividades) on-line, vídeos e áreas exclusivas para alunos, professores, pais e gestores.

Para mais informações, acesse www.dsop.com.br/escolas ou procure um franqueado de sua região, consultando o nosso Portal www.dsop.com.br/franquia.

Prezados pais e responsáveis,

É com grande satisfação que parabenizo vocês pela excelente escolha para o futuro dos seus filhos. Ao aprenderem, desde cedo, a lidarem com a educação financeira, as crianças se tornarão adultos mais responsáveis e financeiramente sustentáveis.

Com a implantação do Programa DSOP de Educação Financeira nas Escolas, os alunos se beneficiam, uma vez que têm a oportunidade de aprenderem a utilizarem o dinheiro de uma maneira consciente e, assim, realizarem mais sonhos, bem como a comunidade escolar e familiar, de um modo geral, que também serão assistidas pelo Programa.

A partir de uma abordagem totalmente comportamental, o tema Educação Financeira ultrapassa o enfoque estritamente matemático, potencializando o aprendizado por meio de todas as outras disciplinas escolares.

O programa contempla:

- Formação de professores (curso e capacitação pedagógica) – para que tenham domínio sobre o tema
- Palestra para pais e responsáveis – para que a mudança comportamental aconteça também dentro de casa
- Curso on-line de Educação Financeira direcionado aos pais e familiares: www.dsop.com.br/conteudos-online
- Portal escolas – planos de aula, atividades complementares, objetos educacionais (games e atividades) on-line, com senhas de acesso aos gestores, professores e pais – solicitar na secretaria da escola ou junto ao professor(a) de seu filho(a)
- Acompanhamento pedagógico
- SOS Educação Financeira no Portal: www.dsop.com.br

Reinaldo Domingos

Autor
Reinaldo Domingos

Editora de texto
Renata de Sá

Editora de arte
Christine Baptista

Ilustração e projeto gráfico
Ariel Fajtlowicz

Revisão
Assertiva Produções Editoriais

Av. Paulista, 726 | Cj. 1210 | 12º andar
Bela Vista, CEP 01310-910, São Paulo - SP
Tel.: 11 3177 7800
www.editoradsop.com.br

1ª edição - 2010
2ª edição - 2012
3ª edição - 2013
4ª edição - 2016
5ª edição - 2017

Dados Internacionais de Catalogação na Publicação (CIP)
(Câmara Brasileira do Livro, SP, Brasil)

5. ed.

Domingos, Reinaldo
O menino e o dinheiro / Reinaldo Domingos ; ilustração Ariel Fajtlowicz. -- 5. ed. -- São Paulo : Editora DSOP, 2017.

ISBN: 978-85-8276-263-9

1. Ficção 2. Dinheiro - Literatura infantojuvenil 3. Finanças - Literatura infantojuvenil 4. Metodologia Dsop I. Fajtlowicz, Ariel II. Título.

17-00646 CDD-028.5

Índices para catálogo sistemático:

1. Educação financeira : Literatura infantil 028.5
2. Educação financeira : Literatura infantojuvenil 028.5

À TODA CRIANÇA QUE, COM SEU OLHAR LÍMPIDO, ENXERGA NA SIMPLICIDADE DA NATUREZA VERDADES ESSENCIAIS QUE NEM TODOS OS ADULTOS CONSEGUEM VER.

A CIDADE ONDE O MENINO DESTA HISTÓRIA NASCEU SE CHAMAVA CASA BRANCA.

QUER DIZER, SE CHAMAVA NÃO...

AS PESSOAS É QUE CHAMAVAM A CIDADE
POR ESSE NOME, PORQUE A CIDADE,
ELA MESMA, NÃO SE CHAMA, NÃO É?

DIZEM QUE A PRIMEIRA CASA CONSTRUÍDA NAQUELE LUGAREJO ERA UMA CASINHA BRANCA, QUE FICAVA LÁ NO ALTO, DE ONDE SE PODIA AVISTAR TUDO AO REDOR.

ERA POSSÍVEL, POR EXEMPLO, VER O RIOZINHO QUE NASCIA AO PÉ DA MONTANHA E SE ENCONTRAVA LÁ EMBAIXO COM UM RIO BEM MAIOR.

QUEM MORAVA EM CASA BRANCA SABIA LOGO QUANDO UM FORASTEIRO APARECIA NA CIDADE, PORQUE, OLHANDO DE CIMA E A DISTÂNCIA, DAVA PARA VER TUDINHO O QUE ACONTECIA. QUEM ENTRAVA, QUEM SAIA, QUEM FICAVA, QUEM PARTIA.

QUANDO ERA BEM PEQUENO AINDA, O MENINO DESTA HISTÓRIA GOSTAVA DE OBSERVAR TUDO. NÃO SÓ A DISTÂNCIA, MAS TAMBÉM DE PERTO, RENTE AO OLHO MESMO.

ERA ASSIM, COM ESSE OLHAR AGUÇADO, QUE ELE CONSEGUIA ENXERGAR O TRABALHO DAS FORMIGAS, CARREGANDO FOLHAS NAS COSTAS PARA DENTRO DOS SEUS BURACOS; E O DOS PASSARINHOS, COLHENDO LASCAS DE CIPÓS PARA CONSTRUIR SEUS NINHOS.

O MENINO NÃO SABIA APENAS VER.

O MENINO SABIA REPARAR.

UMA COISA EM QUE ELE REPAROU DESDE PEQUENO
É QUE, NAQUELA CIDADE, SOPRAVA UM VENTO BOM,
E O VENTO PARECIA SEMPRE CARREGADO DE SONHOS.

QUANDO ERA BEM PEQUENO AINDA, O MENINO VIU QUE O VENTO ERA MÁGICO, PORQUE FAZIA AS NUVENS SE MEXER E DESENHAR UM MONTE DE FIGURAS NO CÉU.

O MENINO APRENDEU A SONHAR COM AS NUVENS, DESENHANDO O QUE ELE DESEJAVA.

ELE QUERIA UM SORRISO? BASTAVA FECHAR OS OLHOS E DEPOIS ABRI-LOS PARA QUE LOGO APARECESSE UM SORRISO NO CÉU.

SE O MENINO SONHAVA COM UM ABRAÇO APERTADO, FECHAVA OS OLHOS BEM FECHADOS E, QUANDO OS ABRIA, LOGO DOIS BRAÇOS GIGANTES SE FORMAVAM LÁ EM CIMA.

O MENINO SABIA QUE, NA VIDA REAL, NEM SEMPRE A GENTE PODE TER TUDO O QUE QUER, ASSIM, NUM PASSE DE MÁGICA.

MAS ELE TAMBÉM SABIA QUE, NA IMAGINAÇÃO, NADA É IMPOSSÍVEL. BASTAVA APRENDER A SONHAR.

MAS QUANDO CRESCEU UM POUCO MAIS,
O MENINO DESCOBRIU QUE, PARA TER ALGUMAS COISAS SONHADAS, ERA PRECISO TER ANTES UM NEGÓCIO CHAMADO DINHEIRO.

COMO ERA MUITO ESPERTO, O MENINO LOGO REPAROU QUE O DINHEIRO NÃO PODIA COMPRAR TUDO...

NEM NUVEM NO CÉU, NEM PÔR DO SOL, NEM MANGA NO PÉ.

MAS O DINHEIRO ERA IMPORTANTE PARA COMPRAR ALGUNS SONHOS, COMO PICOLÉ DE LIMÃO, BALA DE HORTELÃ E BOLA DE CAPOTÃO.

FOI ASSIM QUE O MENINO ENTENDEU
QUE ALGUNS SONHOS A GENTE COMPRA
E OUTROS NÃO. E QUE TODO SONHO QUE
PODE SER COMPRADO TEM UM PREÇO.

OLHANDO DE PERTO, COM O OLHO DO PENSAMENTO, O MENINO DESCOBRIU QUE O PREÇO DAS COISAS DEPENDIA DA DIFICULDADE QUE ALGUÉM TEVE PARA FAZÊ-LAS.

ELE VIU QUE ERA MAIS FÁCIL FABRICAR UM PICOLÉ DE LIMÃO DO QUE UM AVIÃO. ENTÃO ERA LÓGICO QUE SE PRECISAVA DE MAIS DINHEIRO PARA COMPRAR UM AVIÃO DO QUE PARA COMPRAR UM PICOLÉ DE LIMÃO!

AÍ O MENINO FICOU UM POUCO TRISTE PORQUE PENSOU QUE, SE ALGUÉM NÃO TEM DINHEIRO, NÃO PODE COMPRAR O SONHO QUE DESEJA.

E FOI PENSANDO NO SONHO DOS OUTROS
QUE O MENINO TEVE UMA FELIZ IDEIA!

PRIMEIRO ELE SE LEMBROU DA FORMIGA
CARREGANDO COM DIFICULDADE AS FOLHINHAS
PARA DENTRO DO BURACO...

DEPOIS, PENSOU BASTANTE NO PASSARINHO
CONSTRUINDO O NINHO, PEDACINHO
POR PEDACINHO...

O MENINO ACHOU QUE COM O DINHEIRO DAVA PARA FAZER UMA COISA PARECIDA...

DE POUQUINHO EM POUQUINHO, CONSTRUIR O SONHO DA GENTE.

E O MELHOR DE TUDO É QUE ISSO QUALQUER PESSOA PODIA FAZER: QUEM TEM MUITO, QUEM TEM POUCO, QUEM É GRANDE, QUEM É PEQUENO.

FOI ASSIM QUE O MENINO DESCOBRIU UM JEITO DE FAZER O DINHEIRO REALIZAR SONHOS A PARTIR DE UMA ÚNICA MOEDINHA.

O MENINO SABIA DAS COISAS!

A ÚNICA COISA QUE ELE NÃO SABIA...

É QUE UM DIA ESTA HISTÓRIA DEIXARIA DE SE CHAMAR O MENINO E O DINHEIRO PARA VIRAR O MENINO DO DINHEIRO. MAS ESSA É UMA OUTRA HISTÓRIA...

A HISTÓRIA DE UM MENINO QUE DESCOBRIU UM JEITO DE REALIZAR SONHOS A PARTIR DE UMA ÚNICA MOEDINHA E QUE SAIU PELO MUNDO ENSINANDO ESSE JEITO PARA CADA UM QUE ENCONTRAVA PELA FRENTE.

OLÁ, AMIGUINHO!

AGORA QUE VOCÊ JÁ LEU A HISTÓRIA O MENINO E O DINHEIRO E APRENDEU QUE EXISTEM SONHOS QUE PODEM SER COMPRADOS COM DINHEIRO E SONHOS QUE NÃO PODEM SER COMPRADOS COM DINHEIRO, SIGA PARA AS PRÓXIMAS PÁGINAS E FAÇA AS ATIVIDADES PROPOSTAS.

DESENHE UM SONHO DO MENINO DO DINHEIRO E, TAMBÉM, UM SONHO SEU.

SONHO DO MENINO	SEU SONHO

NA HISTÓRIA, O MENINO DO DINHEIRO APRENDEU QUE SE UM SONHO ERA FÁCIL DE FABRICAR, GASTAVA MENOS MOEDAS. MAS SE FOSSE UM SONHO DIFÍCIL DE FABRICAR, COMO UM AVIÃO, CUSTAVA MAIS MOEDAS. DESENHE, ABAIXO, SONHOS QUE VOCÊ ACHA QUE CUSTAM MENOS MOEDAS E SONHOS QUE VOCÊ ACHA QUE CUSTAM MAIS MOEDAS.

EM CASA, JUNTO COM A SUA FAMÍLIA, DESENHE UM SONHO COLETIVO QUE NÃO PRECISA DE NENHUMA MOEDA PARA REALIZAR, COMO IR AO PARQUE, POR EXEMPLO.

REINALDO DOMINGOS

Autor

www.reinaldodomingos.com.br

Reinaldo Domingos nasceu em Casa Branca, interior de São Paulo. Filho de pai ferroviário e mãe autônoma, aos 12 anos de idade realizou o primeiro dos seus muitos sonhos: comprar uma bicicleta. A estratégia adotada na época – a escolha intuitiva de poupar um pouquinho por mês do que ganhava como auxiliar de camelô para realizar seu sonho – tornou-se a base daquilo que viria a ser a **Metodologia DSOP**, um jeito simples e eficaz de lidar com o dinheiro, mudando hábitos e realizando sonhos.

dsop